GESTION

DES

CONFLITS

POUR LES

MANAGERS

GESTION DES CONFLITS POUR LES MANAGERS

Série " Compétences en gestion pour les gestionnaires "

Par : D.K. Hawkins

Version 1.1 ~Janvier 2022

Publié par D.K. Hawkins sur KDP

Toutes les informations contenues dans ce livre ont été soigneusement recherchées et vérifiées quant à leur exactitude factuelle. Toutefois, l'auteur et l'éditeur ne garantissent pas, de manière expresse ou implicite, que les informations contenues dans ce livre conviennent à chaque individu, situation ou objectif et n'assument aucune responsabilité en cas d'erreurs ou d'omissions.

Le lecteur assume le risque et l'entière responsabilité de toutes ses actions. L'auteur ne sera pas tenu responsable de toute perte ou dommage, qu'il soit consécutif, accidentel, spécial ou autre, pouvant résulter des informations présentées dans ce livre.

Toutes les images sont libres d'utilisation ou achetées sur des sites de photos de stock ou libres de droits pour une utilisation commerciale. Pour ce livre, je me suis appuyé sur mes propres observations ainsi que sur de nombreuses sources différentes, et j'ai fait de mon mieux pour vérifier les faits et accorder le crédit qui leur est dû. Dans le cas où du matériel serait utilisé sans autorisation, veuillez me contacter afin que l'oubli soit corrigé.

TABLE DES MATIÈRES

INTRODUCTION.

Les conflits organisationnels sont souvent considérés comme des dysfonctionnements. Au contraire, de nombreux cadres supérieurs ou dirigeants de grandes entreprises considèrent le conflit comme un moyen d'analyser en profondeur un problème et de reporter la prise de décision jusqu'à ce que tous les éléments clés d'une question soient correctement analysés.

Les conflits peuvent survenir à l'intérieur des individus, entre les individus, au sein des groupes ou entre les groupes. Les entreprises d'aujourd'hui ont une pléthore de sources possibles de conflits. Les interactions interpersonnelles sont compliquées, et le degré d'interdépendance est important. Cela crée des frictions.

Lorsque de nombreuses personnes sont appelées à collaborer, le conflit est inévitable, car il est dans la nature humaine de se disputer et de se plaindre. Le conflit survient lorsque les intérêts des organisations ou des individus diffèrent.

La nécessité de partager des ressources rares, des objectifs divergents entre les unités organisationnelles, des valeurs, des attitudes et des perceptions divergentes, ainsi que des responsabilités professionnelles confuses ne sont que quelques-unes des principales causes de conflit.

Les critères permettant de distinguer un comportement fonctionnel d'un comportement dysfonctionnel n'ont pas été entièrement définis. Les conflits fonctionnels font progresser les objectifs d'un groupe, augmentent ses performances et sont intrinsèquement positifs. Les désaccords dysfonctionnels nuisent aux performances d'un groupe et sont intrinsèquement dommageables.

La nature du désaccord n'est déterminée que par la performance du groupe et le résultat ou l'aboutissement prévu. Éviter ou résoudre les désaccords peut être une solution temporaire, mais ils referont pleinement surface.

Le fait de forcer peut avoir des conséquences involontaires. La seule alternative restante est d'affronter le problème directement, par le biais d'une réunion en face à face des parties en désaccord afin de reconnaître et de résoudre le désaccord par un dialogue ouvert.

Les managers doivent être à l'affût des conflits potentiels. Leur attention doit être dirigée vers les objectifs à atteindre. Si une querelle survient, ils doivent s'efforcer de la régler à l'amiable en s'abstenant de réagir de manière excessive aux circonstances.

Ils doivent demander l'aide des personnes les mieux équipées pour résoudre le problème, être prêts à négocier et s'abstenir de donner des instructions. Ils doivent se concentrer sur le problème et non sur les individus.

Les modifications structurelles permettent de gérer les conflits. Les objectifs d'un groupe sont adaptés et fusionnés en fonction du but recherché. De même, les modifications de la structure organisationnelle, telles que la clarification du lien autorité-responsabilité et l'amélioration de l'environnement, de l'ambiance et des lieux de travail, contribuent à la résolution des conflits. Par exemple, dans une salle de travail, le mauvais positionnement des machines peut empêcher les parties concurrentes de communiquer entre elles.

Une communication inadéquate, des conflits d'ego entre les personnes occupant des postes hiérarchiques et les employés, le style de leadership d'un supérieur autocratique, des formations disparates et un manque de coordination interdépartementale sont des sources potentielles de conflit. Ces problèmes peuvent être surmontés avec une attitude appropriée et un esprit ouvert sur la gestion.

Bonne lecture.

CHAPITRE 1
LES CONFLITS SUR LE LIEU DE TRAVAIL ET LEURS CAUSES.

Le conflit est un problème important dans votre vie personnelle et professionnelle. Il peut potentiellement déboucher sur des circonstances violentes et dangereuses. S'il n'est pas résolu rapidement, avec goût et efficacité, le conflit peut dégénérer en une confrontation importante et/ou une désintégration de la relation.

Un conflit peut être aussi banal qu'une rivalité entre frères et sœurs - se chamailler pour un jouet - ou aussi grave qu'un désaccord avec un client ou un collègue sur un produit, un service ou une méthode, ou encore aussi extrême qu'une guerre entre pays. Un conflit peut naître d'une plainte mineure non résolue que l'on laisse s'envenimer. Au fil du temps, cela peut se transformer en un problème ingérable.

En tant que manager, vous serez confronté à des plaintes et des confrontations tout au long de votre vie professionnelle. Votre capacité à gérer ces situations avec succès aura un impact direct sur votre réputation en matière de service à la clientèle et sur le succès continu de votre organisation.

Qu'est-ce qui contribue aux conflits ?

Les conflits naissent généralement lorsque des personnes ont des points de vue divergents et croient posséder une perspective supérieure. C'est particulièrement vrai pour les conflits sur le lieu de travail, entre collègues et/ou avec la direction. Il s'agit alors de dominer, de reprendre le contrôle ou de "prouver qu'on a raison".

Pour surmonter cette forme de conflit, il est nécessaire de passer d'une position de pouvoir à une position de service et de responsabilité - de travailler pour le bénéfice du groupe plutôt que pour celui des membres individuels. Lors de la résolution d'un conflit, il devrait être plus vital de s'assurer que les besoins des deux parties sont satisfaits que de gagner l'argument.

Un conflit peut également être déclenché par une rupture de la communication ou par l'incapacité à reconnaître les besoins d'une autre personne. Quel que soit le scénario, la principale source de conflit est un malentendu.

Ces malentendus peuvent être dus à des disparités d'âge, de culture, de race ou de religion. Les situations conflictuelles peuvent être dues à des problèmes de service à la clientèle, à des malentendus ou à des obstacles à la communication, ou encore à des conflits entre collègues de travail.

Conflits découlant de problèmes liés au service à la clientèle.

Aussi insignifiante que puisse vous paraître une plainte, elle est légitime aux yeux du client et doit être prise au sérieux. Les clients se rendent dans votre entreprise pour faire des affaires.

Ils ont un besoin et croient (ou espèrent) que vous y répondrez.

Ils sont prêts à vous dédommager pour votre temps, vos efforts et votre service et attendent toute votre attention. Si les consommateurs ne reçoivent pas cette attention ou un produit ou service de qualité, ils n'en ont pas pour leur argent et ont le droit de se plaindre.

Les conflits découlant des préoccupations des clients peuvent être les suivants:

1. Problèmes ou déficiences concernant les services ou les produits. Le client n'a pas reçu le niveau de service ou de produit auquel il s'attendait et est suffisamment mécontent pour déposer une plainte. Une plainte de ce type peut être réglée rapidement si toutes les parties sont prêtes à communiquer et à faire des compromis.

2. Retards ou inexactitudes dans la livraison de biens ou de services. Le consommateur a dû attendre plus longtemps que prévu ou recommandé pour

obtenir son bien ou son service et, comme mentionné précédemment, il est devenu irrité par ce retard. Les retards peuvent être extrêmement gênants pour les clients, surtout s'ils ont pris des dispositions spéciales pour être présents et qu'ils sont ensuite déçus.

3. Les clients qui sont difficiles ou exigeants. Certains consommateurs sont difficiles à satisfaire et sont naturellement assez exigeants et contestataires. Ils peuvent devenir menaçants s'ils ne sont pas traités avec soin.

4. Difficultés liées aux drogues ou à l'alcool. Il s'agit notamment de se voir refuser l'accès ou d'être expulsé des installations en raison de son état et du danger qu'il représente pour les autres clients ou le personnel.

5. Conflits résultant d'une mauvaise communication ou d'obstacles à la communication.

Personne n'est identique à un autre - pas même les jumeaux. Les individus ont des points de vue différents en raison des nombreuses influences qu'ils subissent dans leur vie.

Parmi ces influences figurent les suivantes :

La génétique - les traits de caractère que nous héritons de nos parents et sur lesquels nous n'avons aucune influence. Ces facteurs peuvent aller de la couleur de nos yeux et de nos cheveux à notre état de santé général.

L'éducation fait référence aux méthodes utilisées par nos parents pour nous élever et à leurs idéaux en nous.

La culture et la religion ont un impact sur les vérités que nous croyons et sur les pratiques et traditions.

Économie - Que nous soyons à l'abri du besoin ou que nous nous battions pour joindre les deux bouts, notre statut économique peut influencer profondément notre vision de la vie.

L'éducation - notre niveau d'éducation aura également un impact important sur nos pensées et nos perceptions du monde.

L'environnement - il s'agit de l'environnement physique dans lequel nous évoluons, notamment notre quartier, nos conditions de vie et les personnes avec lesquelles nous interagissons.

L'expérience de vie - englobe toutes nos expériences de vie, qu'il s'agisse de réussites ou d'échecs, les leçons que nous en avons tirées et les nombreux rôles que nous avons joués jusqu'à présent.

Tous ces facteurs, et bien d'autres encore, contribuent à notre identité en tant qu'individus, et leur influence formera nos idées et nos sentiments sur pratiquement tout ce avec quoi nous entrons en contact.

Ainsi, nous avons chacun nos propres opinions et points de vue sur différents sujets, qui entrent occasionnellement en conflit avec ceux des autres. Ces conflits peuvent prendre la forme d'une conversation vigoureuse mais amicale, ou bien ils peuvent rapidement dégénérer en échanges enflammés et colériques.

Le début du conflit.

On peut éviter ces scénarios si les parties parviennent à un accord. Cela peut se faire par une communication ouverte et honnête et une volonté d'écouter le point de vue de l'autre personne - en gardant à l'esprit que les facteurs qui ont façonné son point de vue et sa vision des choses peuvent être très différents des vôtres, mais pas moins valables.

Les malentendus et les obstacles à la communication peuvent apparaître pour les raisons suivantes :

Les individus n'écoutent pas l'autre pour établir une compréhension.

Les individus ne sont pas disposés à faire des concessions pour résoudre une crise.

Les personnes ne comprennent pas les différences culturelles et ne sont pas disposées à faire des adaptations.

Pour résoudre un conflit, il faut prendre des mesures pour concilier des idées divergentes - pour établir un accord acceptable pour toutes les parties. Pour résoudre efficacement un conflit, il faut communiquer efficacement et reconnaître les obstacles à une communication bidirectionnelle efficace.

Ces obstacles peuvent être les suivants:

1. L'inattention. Si vous vous laissez distraire, les clients ou les collègues qui tentent de vous parler peuvent se sentir négligés et frustrés. Les ignorer est impoli et non professionnel, car cela perturbe le flux du dialogue.

De plus, vous risquez de perdre un client, de recevoir une plainte à votre sujet de la part de votre direction ou de perdre le respect. Ne vous laissez pas distraire - restez concentré sur ce qui est dit et écoutez vraiment votre client ou collègue. Excusez-vous si vous devez prendre un appel ou parler avec un autre membre du personnel.

Ne fixez personne en particulier. Il est important de maintenir un contact visuel raisonnable avec la personne avec laquelle vous conversez. Cela montre que vous êtes attentif et intéressé.

En ne regardant pas la personne qui vous parle, vous faites preuve d'apathie et la mettez mal à l'aise. Elle peut croire que vous n'êtes pas honnête ou digne de confiance - elle peut croire que vous lui cachez des informations.

2. Interrompre. Interrompre quelqu'un pendant qu'il parle crée un obstacle important à une communication ouverte et bidirectionnelle et constitue une méthode infaillible pour créer un conflit.

Une fois de plus, vous montrez que vous n'êtes pas intéressé par ce qu'il dit. Interrompre ce qu'ils disent pour exprimer votre opinion ou, pire, compléter leurs phrases n'est pas une technique efficace pour comprendre pleinement les désirs et les attentes de l'autre personne.

Permettez-lui de compléter ses phrases et soyez attentif. Si, pour une raison ou une autre, la conversation doit se terminer, prenez le contrôle de la situation en posant des questions suggestives ou de clôture qui n'exigent que de brèves réponses.

3. Le ton de la voix. L'arrogance, la demande, la rage, les pleurnicheries et l'apathie contribuent à un ton qui suscite des réactions négatives. Une querelle peut également être déclenchée par le ton de voix utilisé lors d'une conversation. Lorsque vous traitez avec des clients ou des collègues de travail, vous devez avoir un comportement courtois, calme et agréable. Au minimum, si vous êtes irrité, vous devez essayer de maintenir un ton de voix neutre.

4. Le sarcasme. Le sarcasme n'a pas sa place dans un discours à deux et sert d'invitation ouverte à la confrontation. Il y a des moments dans la vie professionnelle de chacun où l'on se dit : "Si on me

pose encore une question stupide, je vais devenir fou !".

Cependant, le sarcasme en réponse à une question ou une remarque idiote ne fait rien d'autre que de nuire à l'autre personne et, peut-être, d'altérer son estime de soi. Nous oublions souvent que tout le monde n'est pas aussi bien informé que nous sur notre secteur, car la majorité des clients n'ont qu'une vague connaissance des secteurs du tourisme et de l'hôtellerie.

Par conséquent, nous pouvons excuser nos clients ou nos collègues juniors de poser des questions qui ont des solutions claires - évidentes pour ceux qui savent. Faites preuve de patience et de compréhension - c'est tout aussi simple et beaucoup plus agréable que de répondre de manière sarcastique ou narquoise.

5. L'impolitesse. Il n'y a jamais de raison acceptable pour manquer de respect. Une attitude professionnelle et courtoise de votre part devrait permettre d'éviter ou de désamorcer toute hostilité

apportée dans votre bureau par un visiteur. Toutefois, si vous vous retrouvez à travailler avec une personne avec laquelle vous ne pouvez pas vous entendre, l'impolitesse n'est pas une solution. Consultez votre superviseur ou votre directeur pour obtenir des conseils.

6. Distinctions culturelles. Les différences culturelles peuvent engendrer une pléthore de problèmes. Il est facile de mal interpréter les mots, les gestes et les coutumes lorsqu'on interagit avec des personnes d'autres pays, d'autres religions, etc.

Pour réussir dans votre domaine, vous devez vous familiariser avec certaines des coutumes culturelles les plus courantes.

Dans l'ensemble, les personnes de tous horizons et de toutes religions réagissent positivement à un comportement respectueux et courtois. Ne vous moquez pas des coutumes que vous ne comprenez pas. Respectez toutes les personnes avec lesquelles vous interagissez, y compris les clients et les collègues, et vous devriez vous en sortir.

Chacun de ces facteurs peut susciter une plainte de la part d'un client ou d'un collègue, qui peut dégénérer en bagarre. Il est donc conseillé de conserver un comportement amical et agréable dans vos relations avec les autres.

CHAPITRE 2
LA GESTION DES
CONFLITS AU BUREAU.

La plupart des managers sont conscients que les interactions sur le lieu de travail débouchent souvent sur des conflits. La plupart des individus associent immédiatement la confrontation à de mauvais résultats et cherchent à l'éviter. Ce phénomène régulier sur le lieu de travail se produira toujours et les managers doivent être préparés à identifier et à résoudre les conflits.

Le conflit naît des perspectives divergentes de nombreuses personnes. Des pensées et des points de vue contradictoires résultent de différentes rencontres. Ces concepts sont issus de normes sociales, d'idéaux personnels et de principes religieux.

Le conflit est un élément naturel de la vie et n'est pas toujours préjudiciable. Le conflit aide à identifier les problèmes ou les problèmes possibles qui doivent être traités avant que des erreurs ne se produisent. Il est raisonnable d'affirmer que le conflit est important pour que les objectifs et les besoins de l'organisation évoluent.

Cela présente des avantages à long terme pour le lieu de travail. Le conflit, et plus précisément la concurrence, est un excellent facteur de motivation pour que les employés s'engagent dans le processus décisionnel.

Le conflit peut profiter aux travailleurs et à la direction en permettant de comprendre et de valoriser les différences. Délibérer sur les défis peut déboucher sur des méthodes et des concepts nouveaux et améliorés. Ces données auraient pu être négligées si les personnes n'avaient pas été confrontées au changement ou à d'autres conflits sur le lieu de travail.

Il peut être intimidant de travailler sur un désaccord, car il est difficile de mettre ses sentiments personnels de côté et d'examiner les choses objectivement. Si un désaccord ne survient pas et que la direction ne donne pas un exemple positif, il peut rapidement dégénérer en violence. Tout le monde en pâtira, et le conflit se poursuivra.

Les conflits courants sur le lieu de travail peuvent se manifester de différentes manières, comme une communication inefficace, un changement dans la relation entre les managers et les employés, ou une violation des normes sociales ou des limites du groupe.

Une mauvaise communication se produit lorsqu'un travailleur ou un subordonné ne peut pas recevoir un message des superviseurs ou de la direction. La confusion est une composante fréquente des conflits.

Les employés qui ne peuvent pas comprendre les normes de la direction créent de la confusion. Lorsque la direction est en mesure d'articuler efficacement les exigences en question de manière agréable et professionnelle, les résultats auront moins de chances d'aboutir à une forme de conflit.

La crédibilité et le leadership sont des éléments importants d'une gestion efficace des personnes. Les employés recherchent des caractéristiques de leadership chez leurs managers. Si ces caractéristiques : honnêteté, charme et crédibilité disparaissent, le management perd son piédestal aux yeux des travailleurs.

Les individus gèrent les conflits de différentes manières, notamment par l'humour, l'évitement des collègues et l'utilisation de sa position ou de son autorité pour résoudre le problème.

Lorsqu'il s'agit de problèmes interpersonnels, les employés de mon organisation veulent les éviter. Par exemple, notre sous-département est composé de trois personnes, dont moi-même.

Deux d'entre elles sont antagonistes l'une envers l'autre ; elles se disputent souvent sur la façon d'accomplir les tâches. Il n'y a pas de communication entre les deux. Pour éviter le conflit, les deux évitent de se parler et préfèrent se retirer et faire comme si le désaccord n'avait jamais eu lieu.

Lorsqu'un désaccord important survient au sujet de la façon de répartir le travail, soyez ! Il s'agit d'une situation de conflit perdant-perdant puisque ni l'un ni l'autre n'obtient ce qu'il souhaite, la raison et la cause sous-jacentes du différend persistent et des conflits similaires continuent de se produire. Ils sont en compétition l'un avec l'autre ; ils ne se préoccupent que du résultat et n'ont aucune considération pour la relation.

En tant que responsable du service, elle influencerait l'autre employé pour qu'il obtienne une affectation moins souhaitable. Cela sert de miroir, indiquant qu'éviter un désaccord n'est pas toujours la meilleure solution. En outre, la situation se détériore lorsque les connaissances ne sont pas partagées et que les individus se reposent sur eux-mêmes pour accomplir les tâches, ce qui entraîne une baisse de leurs performances professionnelles et l'envoi d'avertissements pour faible productivité.

La direction peut atténuer les conflits sur le lieu de travail en réitérant les exigences du poste et les spécifications des tâches et en répondant aux doléances ou aux remarques des subordonnés. L'écoute du sommet détermine le succès ou l'échec de la production ascendante.

Les superviseurs sont le premier port d'appel lorsqu'il s'agit d'accroître intentionnellement la communication avec tous leurs subordonnés. Cela peut se faire efficacement en rencontrant les employés individuellement, en temps opportun et de manière professionnelle. Bien que les évaluations semblent être ce moment-là, il est acceptable de fournir un feedback personnel chaque fois que la direction ou les employés le jugent nécessaire.

Un forum ouvert est une autre méthode de communication pour les managers afin de minimiser les conflits. Les forums ouverts favorisent un environnement neutre et sûr où les employés peuvent s'exprimer librement. De plus, les forums ouverts favorisent le développement de nouvelles idées et méthodes pour les routines et les tâches.

Les conflits peuvent être minimisés en employant des styles de gestion et des caractéristiques de leadership particuliers. Il incombe à la direction de démontrer son expertise dans la résolution de ces situations opposées. Les petites organisations peuvent connaître moins de conflits.

Cela s'explique par le fait que la plupart des travailleurs font leur part du travail et font preuve de bonnes manières. Les petites entreprises semblent avoir un environnement de travail plus cohésif, mais les sociétés géantes ne peuvent pas créer de liens.

La plupart des problèmes remontent dans la hiérarchie et finissent par donner lieu à une note de service. Les petites entreprises comptant moins d'employés règlent la plupart des désaccords sur place, simplement parce que la gestion d'un nombre réduit d'employés peut être plus facile.

Avec un renforcement positif constant, la direction peut minimiser les idées fausses internes. Les gestionnaires sont d'excellents membres de toute organisation axée sur les affaires. Il faut un leader pour résoudre les différends de manière professionnelle et de façon constructive et productive. Un leader est une personne que les suiveurs suivent instinctivement, alors qu'un manager doit être obéi.

La position d'autorité d'un manager peut avoir été gagnée par l'expérience et la loyauté envers l'organisation, et non par ses capacités de leadership. Si certains managers peuvent manquer de capacités de leadership de base, un leader fort fait un excellent manager.

Si la direction ne peut pas résoudre le désaccord, les normes sociales et les leaders naturels apparaissent. Les leaders naturels servent de porte-parole officieux du groupe. Après la diffusion d'informations incorrectes par la direction, le leader naturel maintient officieusement l'attention des membres.

En général, la direction est composée de personnes ayant une grande expérience de leur secteur. Un manager comprend le fonctionnement de chaque couche du système et peut également posséder de solides compétences techniques. Un leader peut ne pas avoir d'expertise dans son domaine et peut être un nouveau venu dans une entreprise avec des idées audacieuses, nouvelles et innovantes.

Les conflits naissent simplement de la divergence des points de vue. La gestion des conflits en tant que manager requiert un ensemble unique de compétences pour gérer les situations de "non" ou de "conquête" qui peuvent survenir entre vous, d'autres personnes ou l'entreprise. La résolution des conflits est une compétence acquise qui se développe en une forme d'art.

CHAPITRE 3
EFFET DU CONFLIT SUR LA PERFORMANCE COMMERCIALE ET ORGANISATIONNELLE.

De nombreux chercheurs remettent en question l'idée que la confrontation est toujours mauvaise. Il existe une école de pensée croissante selon laquelle le conflit peut favoriser une atmosphère de travail énergisante et dynamique qui ébranle l'apathie et le conformisme jusque dans leurs fondements. Cependant, une partie non négligeable de la population pense que le conflit est intrinsèquement dysfonctionnel et que ses répercussions peuvent dépasser de loin les avantages potentiels.

Si le problème est résolu, il a le potentiel d'être transformateur. Lorsqu'un changement radical est nécessaire pour lutter contre la stagnation et l'apathie, les managers provoquent délibérément des frictions pour accroître la passion d'un groupe. Ce haut niveau d'activité peut générer des pensées et des notions nouvelles.

Cependant, des idées similaires pourraient facilement naître d'une activité de groupe bien coordonnée et dirigée par un management compétent. Cependant, cela peut être une entreprise difficile, étant donné la possibilité d'une guerre. La vérité est que des changements spectaculaires peuvent se produire par le biais de différents mécanismes, dont l'un est le conflit.

En raison de l'élément humain qui définit un groupe de travail, les répercussions d'un désaccord peuvent être fatales. Si les sentiments blessés et la rage peuvent sembler être de petits problèmes, ils peuvent être mortels lorsqu'ils deviennent un élément actif du groupe de travail.

Le mécontentement des employés entraîne un roulement du personnel, une baisse de la productivité et la possibilité de violence sur le lieu de travail.

Compte tenu de ces dangers, la plupart des managers cherchent des méthodes plus sûres pour stimuler les employés.

Le conflit peut renforcer la cohésion du groupe. Les groupes de travail réagissent aux dangers extérieurs en se regroupant et en mettant en commun leurs ressources pour lutter contre les menaces à l'intégrité de leur groupe. Les managers peuvent utiliser le conflit pour unir et encourager une mentalité de "nous contre eux". Les individus peuvent développer un sentiment de connexion avec leurs collègues, ce qui entraîne une collaboration accrue.

Le groupe devient une unité unifiée dont le but premier est l'auto-préservation en répondant aux attentes. Est-ce pour autant une bonne chose ? Il est important de se rappeler que cette menace imaginée n'est que cela : une menace perçue.

La méfiance à l'égard de la direction ou le cynisme à l'égard de ses intentions peuvent miner les projets futurs. Une fois les objectifs de l'organisation atteints, les membres du groupe réalisent souvent qu'ils ont été dupés et utilisés à des fins mercantiles. Par ailleurs, les relations développées au cours de la mission ne sont souvent pas rompues à la conclusion.

Les exercices de renforcement de l'esprit d'équipe et un manager responsabilisé peuvent favoriser la cohésion du groupe avec tout autant de succès sans avoir recours à la tromperie et à la supercherie. Les alliances et les relations peuvent être formées de manière productive, sans opposer les employés les uns aux autres.

Selon les recherches, ces liens se traduisent souvent par un niveau élevé de satisfaction des employés, car les aspirations personnelles s'alignent sur les objectifs de l'entreprise. Les conflits peuvent favoriser un plus haut niveau d'invention. Les employés peuvent travailler plus dur pour élaborer des solutions nouvelles et innovantes aux défis à relever en raison du degré de tension légèrement accru.

En raison du niveau de tension accru, les membres du groupe deviennent plus actifs et désireux de découvrir des méthodes de résolution de problèmes inconnues jusqu'alors, simplement en raison de la plus grande quantité d'idées et de partage qui se produit. À l'instar du fonctionnement d'un "groupe de réflexion", les participants développent une nouvelle volonté d'apporter des idées et des réflexions, et des solutions émergent.

Toutefois, l'introduction d'un conflit est-elle la seule méthode permettant d'augmenter le niveau de tension ? En effet, de nombreux types de "brainstorming" trouvent leur origine dans l'introduction d'une saine compétition au sein du groupe. Contrairement à la croyance populaire, la compétition n'est pas synonyme de conflit. Les concours, les activités d'équipe hilarantes et les récompenses peuvent créer une tension sans effets négatifs.

Les employés déclarent que lorsque la tension est une énergie positive, ils ont envie de s'amuser au travail. Lorsque les employés s'affrontent pour trouver une meilleure approche d'un problème en échange d'une récompense relativement faible, il est peu probable qu'ils soient hostiles au gagnant.

Une compétition sérieuse assortie d'incitations substantielles peut donner à tous les membres du groupe un sentiment de satisfaction, pour autant que leurs contributions particulières soient reconnues et appréciées par la direction et les membres.

Bien qu'il existe de nombreuses écoles de pensée concernant le conflit en tant que facteur de motivation, les managers avisés comprennent que le conflit peut être un dangereux "moyen d'arriver à ses fins". Le mécontentement et la désillusion des employés peuvent rendre une solution rapide coûteuse.

Plus important encore, les managers doivent considérer leurs employés comme des personnes, et non comme des "rouages de la machine". Le développement sain de l'équipe, et non la manipulation et la tromperie, est la clé de la résolution des problèmes.

CHAPITRE 4
RIEN N'EST SIMPLE LORSQU'IL S'AGIT DE RÉSOUDRE UN CONFLIT.

La façon dont les problèmes sont résolus et les conflits résolus est l'élément le plus important pour déterminer la performance d'un groupe. Selon les recherches, la forme de résolution des conflits qui prévaut au sein des groupes de direction et de gestion est le facteur le plus crucial pour prédire si les entreprises sont rentables ou non.

La façon dont les managers résolvent les conflits et gèrent les problèmes au sein de leur entreprise peut sembler insignifiante tant que le conflit et le problème sont résolus. En revanche, les managers doivent être conscients de la dynamique de groupe qui influence les solutions et leurs répercussions.

Sur le lieu de travail, de nombreuses stratégies de résolution des conflits sont utilisées. Certaines définissent le groupe en fonction des normes acceptées. D'autres modes de résolution des conflits peuvent être plus adaptés dans certaines circonstances. Rien n'est simple ou direct.

Les managers doivent apprécier les complexités de la résolution des problèmes et des conflits. Les managers doivent employer des tactiques et des techniques spécifiques pour être continuellement efficaces. Ils doivent toutefois reconnaître que différentes techniques de résolution des conflits peuvent être plus efficaces, en fonction des circonstances et de la personnalité des parties concernées. Les managers doivent comprendre tous les modes et savoir quand ils sont les plus efficaces.

Les managers découvriront que de nombreux modes de résolution des conflits sont répandus sur le lieu de travail. Il convient de noter que la plupart des groupes emploient souvent un ou plusieurs de ces styles dans leurs efforts pour résoudre les conflits :

La rationalisation et l'évitement.

Ces organisations sont généralement composées d'individus accommodants qui tentent de le définir pour minimiser les différences individuelles lorsqu'un problème ou un conflit survient. Leur but est de préserver le statu quo du groupe.

Dans l'ensemble, cette façon de résoudre les conflits est préjudiciable car elle évite d'aborder les problèmes sous-jacents ou de résoudre les racines du conflit. Par conséquent, ces difficultés ont tendance à s'envenimer au sein du groupe et finissent par se manifester sous la forme d'un problème plus vaste.

Les individus qui se retirent lorsqu'ils sont agressés pour éviter la confrontation sont inclus dans les normes du groupe qui définissent le comportement d'apaisement et d'évitement. De même, les membres individuels du groupe ont tendance à contenir leurs émotions et leurs remarques pour rester cachés. Cela dissimule efficacement les tensions internes et empêche la direction et le groupe de découvrir les courants sous-jacents présents.

Confronter et résoudre les problèmes.

Cette méthode de résolution des conflits est la plus saine. Les membres de ce groupe sont souvent des collaborateurs. Ils caractériseront le problème en fonction des besoins de l'organisation dans son ensemble plutôt que de leurs propres besoins. Si la réponse profite à l'ensemble du groupe, les résultats de ce groupe sont interdépendants.

Les personnes qui croient qu'il est nécessaire de faire ressortir et de confronter les différences d'opinion et de perspective adhèrent aux normes du groupe qui définissent le comportement de confrontation et de résolution des problèmes.

De plus, elles pensent que toutes les résolutions de conflits doivent être transparentes et équitables pour toutes les parties concernées et pour l'entreprise dans son ensemble. Le groupe parviendra souvent à des conclusions et à des solutions par la raison plutôt que par le pouvoir et l'autorité personnels.

Les comportements de confrontation et de résolution de problèmes sont souvent les modes les plus efficaces de résolution des conflits de groupe.

Négociation et coercition.

Cette méthode de résolution des conflits profite à des groupes de pouvoir spécifiques et à des agendas personnels. Elle adopte une position de tout ou rien, opposant un groupe à un autre. Les problèmes sont souvent caractérisés en termes d'enjeux pour chaque groupe. Les individus et l'ambiance sont conflictuels et adversaires. Le résultat profite à un groupe plutôt qu'à tous les autres.

Les individus qui adhèrent aux normes de groupe qui caractérisent les actions de marchandage et de forçage saisiront l'avantage chaque fois que possible et feront des concessions lorsque l'avantage appartient à l'autre groupe. Les individus privilégieront généralement leurs gains par rapport à ceux des autres membres du groupe.

CHAPITRE 5
CRÉER UN DIALOGUE DYNAMIQUE SUR LE LIEU DE TRAVAIL ET RÉDUIRE LES CONFLITS.

La plupart d'entre nous méprisent les conflits. Nous l'évitons et espérons seulement qu'il disparaîtra. Les conséquences négatives d'un désaccord non résolu sont les suivantes:

- Baisse de la productivité
- Un manque de concentration sur les objectifs de l'entreprise
- Une perte de respect pour l'équipe dirigeante
- Bavardages destructeurs
- Tentative de dissimulation de problèmes sous-jacents non résolus
- Diminution de la confiance dans la direction

- Augmentation du taux de rotation
- Absence de consensus sur les questions cruciales.

Lorsque vous gérez des personnes, vous rencontrez des conflits. Pour réduire les conflits, vous devez créer un terrain propice aux comportements souhaités et être très explicite quant aux comportements que vous ne voulez pas voir chez vos collaborateurs.

Voici quatre stratégies pour gérer plus efficacement les conflits et les confrontations et encourager le comportement que vous souhaitez obtenir de votre équipe.

1. Soyez sans ambiguïté sur les comportements que vous tolérerez et ceux que vous ne tolérerez pas, et communiquez votre position à vos subordonnés directs.

Les conflits surviennent pour différentes raisons : les délais rendent les gens irritables ; les conflits de personnalité ; un manque de connaissances ; un malentendu ; et la concurrence. Il n'y a aucun moyen d'éviter les confrontations sur le lieu de travail. À tout le moins, un manager doit indiquer comment il attend de ses employés qu'ils se comportent dans les situations positives et négatives.

Si le respect est une valeur, assurez-vous d'avoir discuté de ce qu'il implique. Dans la plupart des cas, cette règle fondamentale exige que l'entreprise dispose d'un ensemble défini de valeurs ancrées dans la culture de l'entreprise. Quels que soient les comportements que vous souhaitez voir adopter par les individus, le fait de les décrire explicitement comme des valeurs aide à définir la manière dont ils doivent se comporter.

Ne vous considérez pas responsable des activités d'un collègue. Vous pouvez et devez créer une liste d'actions approuvées. Cette action unique permettra d'éliminer les frictions et les confrontations.

a. Établir des valeurs sans ambiguïté.

b. Décrire ce qui constitue un comportement acceptable et inapproprié.

c. Modéliser les comportements en appliquant les règles et en attendant des autres qu'ils fassent de même.

2. La clarté des attentes permet d'éviter les conversations gênantes.

De nombreux managers pensent qu'il suffit de montrer comment ils veulent que les gens se comportent. Malheureusement, vous ne pouvez pas présumer que vos subordonnés directs sont conscients de ces indications. J'ai constamment entendu, et j'ai supposé qu'ils savaient ce que je souhaitais.

Nous connaissons tous le fonctionnement des suppositions. Elles ne le sont pas. Par conséquent, dès l'embauche d'un nouvel employé, assurez-vous d'avoir des descriptions de poste bien définies, des stratégies de gestion du rendement et des attentes quant à la façon dont cette personne sera évaluée. Et vous communiquez ces attentes à vos employés chaque semaine.

a. S'assurer que toutes les descriptions de poste sont bien définies.

b. Établir des plans de performance décrivant les attentes du personnel.

c. Communiquer les attentes individuelles hebdomadaires et les attentes mensuelles de l'ensemble de l'entreprise.

3. Communiquez constamment.

Vous ne pouvez pas le faire assez vite ni assez souvent. Si vous êtes le PDG de l'entreprise, votre personnel se tourne vers vous pour la communication des informations essentielles. Ne sous-estimez jamais votre importance en tant que manager dans la création du ton et du niveau de confiance de votre division ou département.

Il est important de développer un plan de communication clair et intentionnel à tous les niveaux de l'entreprise, qui décrit qui doit savoir quoi, quand et comment l'information sera communiquée. Un manager ne doit jamais laisser passer une occasion de communiquer.

a. En tant que PDG, définissez le ton et le niveau de confiance de l'organisation dans toutes les communications.

b. En tant que manager, établissez le plan de communication de votre division ou département.

c. Être conscient des messages essentiels qui doivent être exprimés et des raisons pour lesquelles ils doivent être communiqués.

4. Gardez un œil sur les actions perturbatrices et soyez prêt à y faire face immédiatement.

Cela se produira. La confrontation et le conflit sont des aspects naturels de l'être humain. Il faut donc les anticiper. Deuxièmement, faites tout votre possible pour mettre en place un cadre permettant de le minimiser. Troisièmement, lorsqu'il se produit, affrontez-le immédiatement. Cela ne veut pas dire que vous devez humilier quelqu'un devant les autres.

Nous sommes tous conscients que le premier point est à proscrire. Cependant, le plus souvent, un manager observe un comportement contre-productif et choisit de l'ignorer. Si un comportement inapproprié n'est pas traité immédiatement, il est assez facile pour la personne qui s'est comportée de manière inappropriée de vous remettre en question lorsque vous en parlez. Vous êtes toujours perdant dans ce genre de discussion.

a. Anticiper la confrontation.

b. Établir le cadre pour y faire face si cela se produit.

b. aborder tous les niveaux de conflit dès leur détection et les résoudre de manière franche et honnête.

Trop d'entreprises laissent les mauvais comportements imprégner et définir leur culture. Il est de la responsabilité de tous ceux qui gèrent des personnes de fixer les limites des comportements acceptables et des attentes dans leur organisation.

Entamez une discussion animée sur les valeurs qui vous sont chères en tant qu'entreprise. Laissez les idées préconçues sur le comportement devenir la norme dans votre organisation. Dirigez et surveillez ce comportement quotidiennement.

CHAPITRE 6
ÉLABORER UN PROGRAMME ET UNE POLITIQUE DE RÉSOLUTION DES CONFLITS SUR LE LIEU DE TRAVAIL.

Nous vivons une période de changement passionnante, et la nouvelle économie creuse le fossé et accentue l'animosité entre les entreprises perçues comme "gagnantes" et "perdantes". Une nouvelle perception de la rareté déclenche de nouveaux conflits et pose de nouveaux défis aux petites et grandes entreprises.

Sur le lieu de travail moderne, les conflits liés à la rareté des ressources, aux différences culturelles, aux conditions d'emploi, au harcèlement sexuel, aux attentes non satisfaites, au travail d'équipe, aux politiques de bureau, aux mauvaises communications et aux commérages sont courants.

Inévitablement, ces conflits peuvent faire tourner les entreprises. Par conséquent, les managers efficaces reconnaissent combien il est vital de comprendre les conflits émergents et de développer la capacité à y répondre de manière saine et productive.

La conception d'un système de résolution des conflits est un processus qui implique la création d'un système de processus formels et informels qui sont intégrés dans un programme de résolution des conflits sur le lieu de travail. Les programmes peuvent être élaborés par des employés engagés ou en collaboration avec un spécialiste de la gestion des conflits.

Vous pouvez trouver de nombreuses ressources, tant en ligne que dans des lieux physiques, pour vous aider à concevoir une stratégie. En revanche, faire appel à un expert connaissant bien la procédure est pratiquement toujours bénéfique.

Un système bien conçu de résolution des conflits doit:

- être élaboré en tenant compte des commentaires des employés et des autres parties prenantes,
- prévoir un mécanisme pour déposer des plaintes et mener des enquêtes
- être motivés par les intérêts des participants - leurs objectifs, leurs besoins et leurs ambitions - plutôt que par les droits légaux, la hiérarchie, le statut ou le pouvoir,
- être suffisamment adaptable aux conflits sur le lieu de travail, allant des désaccords de personnalité à l'éventualité d'une poursuite pour discrimination ou harcèlement,
- mettre en lumière les problèmes des employés et les désamorcer rapidement, bien avant que quiconque ne soit enclin à consulter un avocat,
- fournir un forum pour l'exploration d'alternatives par le biais de débats,
- maintenir le moins de politiques et de processus possible,

- donner une formation en gestion qui donne aux gestionnaires la capacité d'écouter efficacement, d'analyser les raisons et d'évaluer comment leurs actions peuvent être perçues,
- prévoir une formation continue pour enseigner et renforcer la procédure,
- prévoir des modifications du processus en réponse à l'évolution des demandes par le biais de canaux de retour d'information appropriés et
- donner accès à des processus fondés sur les droits si toutes les autres voies échouent.

En fin de compte, ces algorithmes sont rentabilisés par des résultats plus rapides, plus conviviaux, moins coûteux et plus privés que ceux obtenus par des moyens plus traditionnels et contradictoires. Voici les composantes d'un programme de résolution des conflits que vous pouvez intégrer à votre organisation.

1. Ligne d'assistance téléphonique. Un "conseiller" de l'entreprise offre un service confidentiel. Il a été formé à la résolution des conflits, à l'écoute efficace et au comportement éthique. Un conseiller peut

répondre aux demandes de renseignements, servir de liaison, recueillir des informations, aider à ouvrir des portes et renvoyer vers d'autres ressources.

2. Politique d'ouverture. Elle permet aux employés de rencontrer leurs superviseurs et autres responsables de la gestion pour discuter des problèmes. Pour assurer le succès d'une politique d'ouverture, il ne doit pas y avoir de représailles contre le personnel qui utilise la procédure.

3. Examen de la haute direction. Il permet aux employés de s'entretenir avec un conseil ou un comité de direction, y compris le président ou le directeur général, au sujet de préoccupations ou de plaintes non résolues.

4. Examen par les pairs. Les questions non résolues sont envoyées à un comité ou un conseil d'examen composé de personnel supplémentaire.

5. Médiateur. Cette personne est chargée d'enquêter et de conseiller les employés qui ont des problèmes ou des plaintes, d'assurer la liaison entre la

direction et les employés ou les collègues, et de contribuer à la résolution de divers conflits. Le médiateur peut travailler en interne ou dans un bureau séparé.

6. Conciliation. Procédure informelle permettant de canaliser ou de transférer les communications entre des personnes qui ne sont pas disposées à se rencontrer en face à face afin d'identifier les intérêts mutuels et de rétablir le lien direct.

7. Procédures de règlement des griefs. Une procédure structurée et en plusieurs étapes pour canaliser les plaintes vers des niveaux d'autorité successivement plus élevés.

8. Médiation. Une procédure non contraignante et confidentielle dans laquelle un médiateur neutre, sans pouvoir de décision, facilite les conversations entre les parties en conflit pour résoudre le problème.

Le médiateur élabore des paramètres de négociation, facilite la communication, identifie les préoccupations, aide les parties à explorer les options et, à l'occasion, formule des recommandations de résolution.

9. L'arbitrage. Au cours de l'arbitrage, les deux parties présentent des preuves à un arbitre neutre, qui rend finalement une décision. Il est possible que la décision soit définitive ou non.

10. Combinaison de processus. La médiation, l'arbitrage, les panels, les forums et les procédures de règlement des griefs ont tous un éventail de formats et de séquences différents. En outre, pratiquement tous les processus peuvent être personnalisés pour répondre aux demandes spécifiques des parties.

11. Appels. Une stratégie de résolution des conflits doit comporter un volet d'appel pour répondre au mécontentement de l'une ou des deux parties à l'égard de la conclusion.

L'élaboration d'un programme de résolution des conflits implique du travail. De plus, des sentiments désagréables peuvent être suscités tout au long de la phase de conception du programme. Cependant, la mise en place d'un programme vous apportera, à vous, à vos collègues et à votre personnel, des avantages économiques et la possibilité de vivre en paix sur le lieu de travail.

CHAPITRE 7
ÉTAPES À PRENDRE POUR CRÉER UNE SOLUTION GAGNANT-GAGNANT DURANT UN CONFLIT.

Les conséquences des conflits sur le lieu de travail sont omniprésentes et coûteuses. Trois études sérieuses révèlent que son omniprésence montre que 24 à 60 % du temps et de l'énergie des managers sont consacrés à la gestion de la colère. Cela entraîne une baisse de la productivité, une augmentation des tensions entre les employés, une baisse des performances, un taux de rotation élevé, de l'absentéisme et, dans le pire des cas, la violence et la mort.

Les conflits sur le lieu de travail sont le résultat de toute une série de circonstances. Il peut survenir lorsqu'un employeur perfectionniste exige de ses employés la même passion et le même engagement qu'eux, mais ne compense pas les heures tardives ou les heures de fin de semaine.

Parmi les autres scénarios, on peut citer le fait que l'employé a des attentes inexactes quant à son rôle professionnel ou qu'il est mal compris. Les conflits surviennent souvent en raison des disparités de valeurs et d'objectifs au sein de l'entreprise.

L'entreprise peut ne pas avoir d'objectifs ou ne pas expliquer suffisamment les objectifs et les valeurs de son personnel. Inversement, l'employé peut avoir des objectifs et des idéaux personnels en désaccord avec l'entreprise.

Les managers peuvent utiliser quatre méthodes spécifiques pour réduire les conflits sur le lieu de travail. Tout d'abord, les managers doivent examiner leurs propres capacités de communication et celles de leurs employés, du point de vue de la manière dont ils communiquent et dont ils s'éduquent mutuellement.

Bien entendu, cela implique d'employer une déclaration "je" au lieu de votre langage. Le fait d'assumer ses sentiments et sa communication est une façon bien plus efficace de communiquer, et plus encore, le fait d'apprendre à votre personnel à parler de cette façon avec les autres contribue grandement à éliminer les conflits.

Les managers doivent améliorer leurs capacités d'écoute, qui constituent la deuxième partie d'une communication efficace. L'écoute active consiste à montrer à l'autre personne que vous comprenez ce qu'elle dit et que vous êtes intéressé par ce qu'elle a à dire.

La deuxième stratégie pour réduire les conflits au travail consiste à créer des limites appropriées. Sans limites, il y aura des frictions et des chamailleries, des luttes de pouvoir et toutes sortes d'événements qui créent des situations désordonnées.

Vous pouvez faire preuve de professionnalisme, d'empathie et de compassion à l'égard de votre personnel sans franchir la limite et devenir leur copain. C'est particulièrement crucial lorsqu'il y a une disparité de pouvoir entre deux personnes dans un poste de travail.

Le troisième facteur de réduction des conflits est un talent appelé intelligence émotionnelle. Il existe plusieurs composantes et facettes, mais elle implique d'améliorer les capacités à être plus productif en apprenant aux gens à mélanger intelligence et émotions.

Dans un bureau en pleine effervescence, on oublie souvent de considérer et de traiter les employés comme des êtres humains ayant une vie réelle. Les personnes dotées d'une intelligence émotionnelle élevée peuvent le faire de manière professionnelle et maintenir des limites appropriées. Une autre composante du QE consiste à savoir comment les employés se sentent en tant que patron et à y être sensible. Une partie du QE apprend aux managers à être sensibles à la façon dont ils sont perçus par les autres.

La quatrième partie de la diminution des conflits au travail consiste à mettre en place des sanctions comportementales avec les employés extrêmement récalcitrants qui ne veulent pas changer. Malgré l'utilisation de toutes ces idées, quelques employés changeront parce qu'ils ne veulent pas ou ne peuvent pas.

Les managers doivent donc communiquer une conséquence, une action ou une mesure disciplinaire qui informe l'employé de l'effet potentiel de la poursuite d'un comportement gênant. Pour y parvenir de manière non menaçante, il faudra utiliser les compétences décrites dans les trois paragraphes précédents.

Y a-t-il un moment où la rage a sa place sur le lieu de travail ? Oui. Lorsque les gens peuvent dire "Attendez une minute", je ne suis pas content de cela ; je ne suis pas content de ce qui se passe, et s'ils canalisent cette colère dans une activité productive, la colère peut être considérée comme une motivation.

Parfois, lorsque nous reconnaissons notre indignation à l'égard de quelque chose et que nous l'utilisons à notre avantage, nous pouvons en faire un atout pour nous et, à long terme, pour l'entreprise.

En tant qu'employés, nous pouvons mieux canaliser nos émotions dans l'action si nous apprenons à parler et à exprimer nos besoins et nos souhaits sans les laisser se développer jusqu'à la rage ou l'éruption.

De même, les employés peuvent changer d'attitude à l'égard de leur profession tout en supportant ses mauvais côtés. L'une des stratégies permettant de résoudre les conflits et d'accroître le bonheur consiste à trouver un moyen de changer notre point de vue et notre perception de la raison pour laquelle nous sommes ici.

CHAPITRE 8
DES ÉTAPES SIMPLES POUR RÉSOUDRE LES CONFLITS ENTRE EMPLOYÉS.

Si vous êtes comme la plupart des managers, les désaccords entre employés sont l'une de vos principales préoccupations et vous les évitez à tout prix ! Combien de fois êtes-vous interpellé chaque jour par des employés qui se défoulent sur leurs collègues ? Et combien de fois souhaitez-vous que votre personnel résolve ses conflits à l'amiable ?

J'ai de merveilleuses nouvelles pour vous ! La résolution des conflits interpersonnels ne nécessite pas des heures de votre temps, un diplôme de psychologie, ni même beaucoup de Kleenex. En effet, elle nécessite simplement trois procédures simples, que j'ai créées au cours de mes dix années de coaching en leadership. J'emploie souvent ces trois méthodes, et elles n'ont jamais manqué d'être utiles. Il m'est même arrivé que des employés abandonnent des griefs formels après avoir utilisé ces étapes pour favoriser le dialogue.

Considérez le scénario suivant :

Un employé vous approche avec la plainte suivante : "Annie est une paresseuse. Elle ne travaille pas aussi assidûment que moi et me délègue toujours son travail. Pourquoi est-elle incapable de faire simplement son travail ?" C'est ce que j'appelle le discours de blâme.

Que peut faire un manager face à ce genre de discours ? Rien, si ce n'est devenir frustré, demander à vos employés de résoudre le problème par eux-mêmes et les difficultés disparaîtraient, n'est-ce pas ? Plus maintenant ! En suivant les trois étapes décrites ici, vous pouvez rapidement couper court à la discussion sur les reproches et aller au cœur de la situation.

REMARQUE : Vous pouvez utiliser ces méthodes pour recueillir des informations en tant que médiateur ou guide pour aider le personnel à communiquer directement entre eux.

Étape 1 : Observations. La première étape consiste à susciter l'examen des faits par l'employé. Demandez à vos collaborateurs ce qu'ils ont précisément observé : Quels comportements avez-vous observés ? Quels étaient les mots que vous avez entendus ? Quand et où cela s'est-il produit ?

Ces questions nous obligent à nous concentrer sur les faits plutôt que sur les interprétations. Il y a une différence significative ! "Annie m'a demandé d'obtenir des dossiers pour elle" pourrait être une observation. Une autre interprétation possible est "Annie est paresseuse".

Étape 2 : Implications. Afin de comprendre comment le travail du plaignant a été affecté, il faut établir des faits. Déterminez comment l'incident a affecté votre personnel. Comment votre travail a-t-il été impacté ? Comment l'expérience d'un client a-telle été affectée ? Comment l'avez-vous ressenti/le ressentez-vous encore ?

Voici un conseil important ! Si l'observation n'a pas eu d'impact direct sur l'employé, il se peut que la question soit sans intérêt pour lui ! Bien que les gens détestent entendre cela, c'est vrai. De nombreuses personnes surveillent les activités de leurs collègues sans raison (une bonne raison compte pour l'entreprise). En même temps, vous voulez déterminer si le problème a affecté le travail ou un client.

L'employé n'a pas besoin d'exprimer ses sentiments ou ses émotions, mais cela peut être bénéfique. Lorsqu'une personne exprime ses sentiments, l'énergie commence à circuler, ce qui peut aider à empêcher l'animosité de s'accumuler.

Évitez simplement de demander : "Comment vous êtes-vous senti ?" C'est une invitation à attribuer un blâme. Sinon, demandez : "Comment vous sentiez-vous lorsque cela s'est produit ?". La distinction entre ces deux questions est légère mais significative.

Étape 3 : Faites une demande. Cette phase est importante pour éviter que le même conflit ne se reproduise. Demandez à votre employé de vous répondre : Si vous n'êtes pas satisfait de ce qui s'est passé, que souhaitez-vous à la place ?

Quelles mesures souhaitez-vous voir prendre si la situation se reproduit ?

Quels sont les mots que vous souhaitez entendre ?

Supposons que l'employé qui s'est plaint qu'Annie était une flemmarde ait rencontré Annie et ait suivi les étapes 1 et 2. Supposons qu'Annie se soit excusée et qu'elles aient toutes deux exprimé leur soulagement. Pourquoi ne mettriez-vous pas fin à la réunion et ne les renverriez-vous pas chez eux ?

Parce que si vous l'avez fait, il n'y a aucune raison de croire que la même chose ne se reproduira pas. L'étape 3 aboutit à des accords tels que "Si j'ai besoin d'aide, je vous demanderai si vous êtes disponible plutôt que de vous dire d'aller chercher des dossiers."

Ces procédures simples vous permettront d'économiser du temps, de la frustration et une perte de productivité. Pour commencer, pratiquez les étapes sur vous-même.

Par exemple, si vous souhaitez donner un feedback constructif à un employé, suivez ces trois étapes et observez l'efficacité de votre réunion. Gardez à l'esprit qu'une communication efficace exige beaucoup de pratique. Chaque fois que vous suivrez les trois étapes de résolution, cela deviendra plus facile.

CHAPITRE 9
RÉSOLUTION DES CONFLITS SUR LE LIEU DE TRAVAIL ET CONSEILS DE GESTION.

Des gestionnaires et des superviseurs efficaces sont importants pour le succès de toute entreprise. Il est important d'apprendre à gérer efficacement le personnel dans l'environnement économique et juridique actuel.

Un manager doit connaître les différentes réglementations et politiques. En tant que manager, vous devez être prêt à faire face aux désaccords et à la violence sur le lieu de travail. Vous devez également savoir comment gérer le moral et la motivation du personnel, l'absentéisme, les performances insuffisantes et les frictions entre employés.

Il est souvent plus facile de reconnaître ce que vous devez faire pour régler les problèmes en milieu de travail. Les employés ne doivent pas être considérés comme des enfants, mais plutôt comme des personnes qui ont besoin de la surveillance de la direction. Si les conflits et les plaintes ne sont pas traités efficacement dans un milieu de travail restrictif, l'estime de soi d'un employé peut en souffrir.

Voici quelques stratégies pour résoudre les conflits et gérer vos responsabilités.

1. Vous devez être réceptif et accessible à vos employés. Tenez compte de la personnalité de chaque individu lorsque vous le rencontrez. Lorsque vous embauchez un employé, veillez à consacrer du temps à l'entretien avec ses talents et sa personnalité afin d'éviter de commettre des erreurs.

2. Rappelez-vous que chaque employé doit être traité de manière unique et égale. Les besoins fondamentaux de chaque employé doivent être

satisfaits. Toutefois, ces besoins doivent différer selon l'employé.

3. Vous devez favoriser un environnement propice à l'accomplissement des tâches. Vous constaterez que les prix et les objectifs sont atteints grâce aux activités de l'équipe.

4. Ne considérez jamais les performances de vos employés comme acquises. Ils doivent comprendre leur rôle et la valeur qu'ils apportent à l'entreprise. Cela permettra de développer un individu compétitif et au moral d'acier, capable de travailler à un niveau compétitif.

5. N'oubliez jamais l'impact énorme que vous avez sur la vie de vos employés. Consacrez du temps à l'interaction avec chaque employé pour favoriser la confiance. Gardez à l'esprit que votre style de communication et votre attitude auront un impact sur la réaction favorable ou défavorable de votre employé.

6. Rappelez-vous d'utiliser un langage que les gens veulent entendre au bureau. Dites toujours "s'il

vous plaît" et "merci" pour favoriser une atmosphère de respect et faire en sorte que chaque accomplissement soit reconnu.

7. Reconnaissez toujours les réalisations et les contributions d'un employé à l'organisation. Vous pouvez créer un prix en coulisses pour reconnaître les excellents employés dont les contributions sont souvent négligées.

8. Vous pouvez vous porter volontaire pour assumer une responsabilité professionnelle moins appréciée de votre employé pendant une journée. Planifiez et réglez les désaccords mineurs sur les tâches à accomplir au travail en adoptant toujours une nouvelle perspective.

9. Vous pouvez inciter votre équipe à innover et à développer de nouveaux programmes. Apprenez à analyser et à améliorer les processus de travail afin de mettre au point une méthode de motivation permettant de raviver l'énergie et de maintenir un haut niveau de performance compétitive.

Tout problème ou conflit sur le lieu de travail peut être résolu en suivant ces techniques de résolution et de gestion des conflits. Gardez toujours à l'esprit que votre premier objectif doit être de résoudre les conflits de manière calme et constructive. Dans toutes les situations conflictuelles, la résolution est toujours un choix viable.

CONCLUSION.

Les interactions humaines sont rarement exemptes de conflits. Lorsqu'un groupe de personnes est contraint de travailler ou de vivre ensemble, les désaccords et les intérêts opposés sont inévitables. Toutefois, accepter cette certitude n'implique pas que les mauvaises choses doivent être supportées et subies en silence. Si la "gestion" des désaccords au travail est une composante nécessaire de votre travail, elle est beaucoup plus facile à dire qu'à faire.

Parmi les recommandations les plus importantes pour résoudre les conflits au travail, il faut choisir ses batailles. Soyez assez perspicace pour voir quand une réaction à une situation défavorable ou déplaisante est réellement importante.

Souvent, des propos insignifiants tenus par un collègue peuvent vous mettre en colère et vous agacer, mais il faut apprendre à laisser tomber les choses qui n'ont vraiment pas d'importance. Si vous avez du mal à oublier une conversation désagréable récente, cherchez un endroit calme et pratiquez pendant deux minutes des techniques de relaxation telles que la respiration profonde.

Si certaines situations n'exigent pas de réaction de votre part, d'autres peuvent vous obliger à défendre votre position ou à exprimer ce que vous et votre équipe pensez du ou des problèmes en question. Dans ces moments-là, il est important de comprendre que vous n'avez aucune influence sur ce que les autres disent ou sur leur réaction. Votre comportement, votre ton et votre choix de mots sont tous sous votre contrôle, ce qui vous permet de gérer efficacement une situation difficile.

Mettez toujours l'accent sur les aspects positifs de la ou des déclarations de la personne. Même si le scénario global que vous tentez de résoudre peut être défavorable, il existe des aspects positifs. Essayez de les repérer et de les mettre en valeur.

En mettant l'accent sur les aspects positifs et en présentant vos inquiétudes et vos arguments de manière succincte mais assurée, vous pouvez favoriser un climat agréable qui aura plus de chances de résoudre le problème que d'aliéner davantage vos collègues. Une fois l'affaire réglée, mettez-la derrière vous et allez de l'avant, en essayant consciemment d'améliorer les liens de votre (vos) collègue(s).

La concurrence est une source fréquente de conflits sur le lieu de travail. Si une certaine compétitivité est bénéfique et aide l'entreprise à atteindre de nouveaux sommets, lorsque l'esprit de compétition devient excessif, l'organisation en souffre et les individus risquent de se sentir découragés par toute la négativité ambiante.

Il est donc prudent de se faire concurrence en grande partie contre soi-même. La compétition doit être cordiale au niveau de l'équipe. N'oubliez pas non plus que s'il est normal de s'efforcer d'améliorer ses performances, il n'est pas constructif de tenter de déstabiliser les autres.

Il y aura des moments où vous adhérerez à ces normes mais serez continuellement confronté à des collègues qui créent une atmosphère de friction en relevant la barre de la compétitivité. Il est important d'ignorer ces individus et leurs tentatives tout en vous protégeant de manière adéquate et en restant insensible à leurs actions.

Quelles que soient les circonstances, évitez de vous abaisser au niveau d'un collègue désagréable. Évitez de tomber dans la boucle vicieuse du "tit-for-tat". Laissez passer et laissez le karma suivre son cours.

Merci de lire.

Compétences de gestion pour les gestionnaires.

1.   Gestion du temps pour les managers

2.   Coaching des employés pour les managers

3.   Développement de l'esprit d'équipe pour les managers

4.   Confiance en soi pour les managers

5.   Techniques de négociation pour les managers

6.   Compétences en matière de service à la clientèle pour les managers

7.   L'affirmation de soi pour les managers

8.   Étiquette commerciale pour les managers

9.   Aptitude à l'écoute pour les managers

10.   Compétences en leadership pour les managers

11.   Compétences en communication pour les managers

12.   Techniques de présentation pour les managers

13.   Gestion du stress pour les managers

14.   Prise de décision pour les managers

15.   Gestion des conflits pour les managers.

Biographie de l'auteur

D.K. Hawkins. D.K. aime lire des livres sur les affaires personnelles ainsi que passer du temps à l'extérieur. D'autres livres viendront s'ajouter à cette collection, alors suivez-nous sur Amazon pour en savoir plus.

Merci d'avoir acheté ce livre.

Je vous en remercie sincèrement et je vous apprécie, vous, mon excellent client.

Que Dieu vous bénisse.

D.K. Hawkins.

Made in the USA
Monee, IL
30 January 2022

89629867R00046